6 MAI 1913

26 Mai 1913

V

Beaux Colliers

DE PERLES

BIJOUX

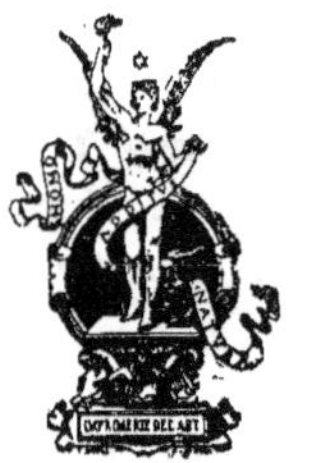

CATALOGUE

DE

Beaux Colliers de Perles

BAGUES ET BROCHE

PERLE ET BRILLANTS

TROIS MASSES DE PERLES

DONT LA VENTE

En vertu d'ordonnance de M. le Président du Tribunal civil de la Seine

AURA LIEU

HOTEL DROUOT, SALLE N° 1

LE LUNDI 26 MAI 1913

A trois heures

PAR LE MINISTÈRE DE

Mᵉ HILAIRE VIVAREZ

PRÉSIDENT DE LA CHAMBRE DES COMMISSAIRES-PRISEURS

8, rue de la Victoire

ASSISTÉ DE

M. G. BOIN-TABURET

ORFÈVRE-JOAILLIER

3, rue Pasquier

EXPOSITIONS

PARTICULIÈRE : *Le Samedi 24 Mai 1913.* . . . . .) DE DEUX HEURES
PUBLIQUE : *Le Dimanche 25 Mai 1913.* . . .) A SIX HEURES

CONDITIONS DE LA VENTE

La vente sera faite expressément au comptant.

Les acquéreurs paieront *dix pour cent* en sus des prix d'adjudication.

Paris. — Imp. de l'Art, Ch. Berger, 41, rue de la Victoire.

DÉSIGNATION

1 — RANG DE 67 PERLES (en chute) blanches et rondes, très bel orient, pesant environ 327 grains.

2 — TRÈS BEAU COLLIER, composé d'un rang de 77 perles rondes d'Orient rosées, très orientées, pesant environ 268 grains. Fermoir forme tonneau en petits brillants.

3 — COLLIER, composé d'un rang de 69 perles rondes, blanches, d'Orient, pesant environ 318 grains. Fermoir losange en petits brillants.

4 — COLLIER, composé de 60 perles rondes, pesant environ 356 grains. Fermoir un brillant navette, entourage petits brillants.

5 — BEAU COLLIER, dit de chien, composé de 15 rangs de perles d'Orient (1395 perles). Le collier est monté avec 5 barrettes en brillants.

6 — CRAVATE en perles fines, garnie de trois motifs en brillants : deux de forme rectangulaire ornent les côtés, le troisième forme l'attache, soutenant un pendentif-disque en brillants.

7 — BAGUE, formée d'une grosse perle, pesant 72 grains 23.

8 — BROCHE, formée d'une grosse perle bouton, pesant 126 grains 25, entourée de 8 brillants.

9 — BAGUE, entourage 14 brillants, centre perle.

10 — MASSE DE 500 PERLES rondes et blanches d'Orient,
pesant environ 1348 grains.

11 — MASSE DE 000 PERLES rondes et blanches d'Orient,
pesant environ 1045 grains.

12 — MASSE DE 2650 PERLES rondes et blanches d'Orient,
pesant environ 2017 grains.

www.ingramcontent.com/pod-product-compliance
Lightning Source LLC
Chambersburg PA
CBHW070719160726

47998CB00025BA/1429